의령이라는 이름

의령이라는 이름

2025년 11월 20일 초판 1쇄 인쇄 발행

지은이	이미순
펴낸이	박종래
펴낸곳	도서출판 명성서림

등록번호	301-2014-013
주소	04625 서울시 중구 필동로 6 (2, 3층)
대표전화	02)2277-2800
팩스	02)2277-8945
이메일	msprint8944@naver.com

값 10,000원
ISBN 979-11-7439-060-8

본 책의 구성 및 맞춤법, 띄어쓰기는 작가의 의도에 따랐습니다.
이 책의 저작권은 저자와 도서출판 명성서림에 있습니다. 무단 전재 및 복제를 금합니다.
이 책 내용의 일부 또는 전부를 재사용하려면 반드시 저자와 도서출판 명성서림의 동의를 얻어야 합니다.
파본은 구입처에서 바꾸어 드립니다.

이미순 제5시집

의령이라는 이름

도서출판 명성서림

시인의 말

종이마다 흩어진 까만 깨알들
오늘이 어제가 되고 내일이 다시
부치지 못한 오늘로 찾아와
밤이면 울어대는 비명은
잠들지 못해 눈물 고인 아픈 생채기다
태양은 오늘이란 이름으로
어김없이 아침을 연다..

2025년 8월 뜨거운 여름날에
이미순

차례

1부

의령	12
의령의 넋	13
자굴산에서	14
자굴산 그날의 산	15
마음속에 꽃	16
의령이라는 이름	17
수도사 그 고요의 이름	18
리치리치 페스티벌	19
의령 부잣길 1	20
의령 부잣길 2	21
변화의 시작 더 살기 좋은 의령	22
고향의 맛 망개떡	23
한글의 빛 이극로	24
소리의 글자	25
말모이는 울었다	26
한글을 모른다고 비웃지 마라	28
한글	29
어머니의 편지	30
의령리치합창단 첫소리	32
의령리치합창단의 첫걸음	33
귀농의 꿈	34
귀촌의 행복	35

2부

천년고찰 수도사	38
자굴산의 아침	40
한우산의 노을	41
찰비 계곡의 속삭임	42
행복을 지켜준 영웅 곽재우	43
독립을 꿈꾼 선각자 안희제	44
천년의 숨결 솥바위	45
후르룩, 엄마의 미소	46
내가 어쩌다 1	48
내가 어쩌다 2	49
떠나는 길	50
제실의 아침	51
제실에서의 축문	52
하늘 아래의 비극	53
하늘의 상처	54
남겨진 이들의 노래	56
남강에 비친 진주	57
진주의 노래	58
남강에 서면	59
흐르는 남강	60
꽃을 닮은 그녀	62
작은 공 하나가	64

3부

침묵 속의 총성	68
관세 전쟁	69
관세라는 벽	70
광란의 칼춤	71
전쟁의 그림자	72
중동전쟁	73
한강 작가 노벨의 날에	74
노벨문학상 희소식	76
참는 마음 품는 사람	77
작은 소망	78
물처럼	80
먼 길 끝에 있는 것	81
딥페이크 거짓과 진실 1	82
딥페이크 거짓과 진실 2	83
돌멩이의 이야기	84
막걸리	85
이슬 머금은 거미줄	86
치매 1	87
치매 2	88
보리수 길에서	89

4부

하석河石	92
아리랑	93
북소리	94
큰북의 흥	95
독도의 날	96
흑백 사진 1	98
흑백 사진 2	99
시간의 자락	100
그날의 골목	101
폭염의 위력	102
일탈	103
철원의 주상절리	104
불법과 탈법의 무도회	106
파문	108
먹고사는 일이 서러워질 때 1	109
먹고사는 일이 서러워질 때 2	110
허무	112
영혼의 허기	113
피 묻은 눈물	114
산을 오르며	116
가을바람	117
평론	118
맺음말	128

장터 골목엔 느린 걸음이 어울리고
옛 담장은 사계절을 품은 채
말없이 그늘 되어주는
작고 단단한 고향의 품

의령
그 이름만으로도
마음 한 컷 따뜻해지는 곳
바쁜 세상 한가운데서
조용히 나를 쉬게 해주는 자리

- 「의령이라는 이름」 中

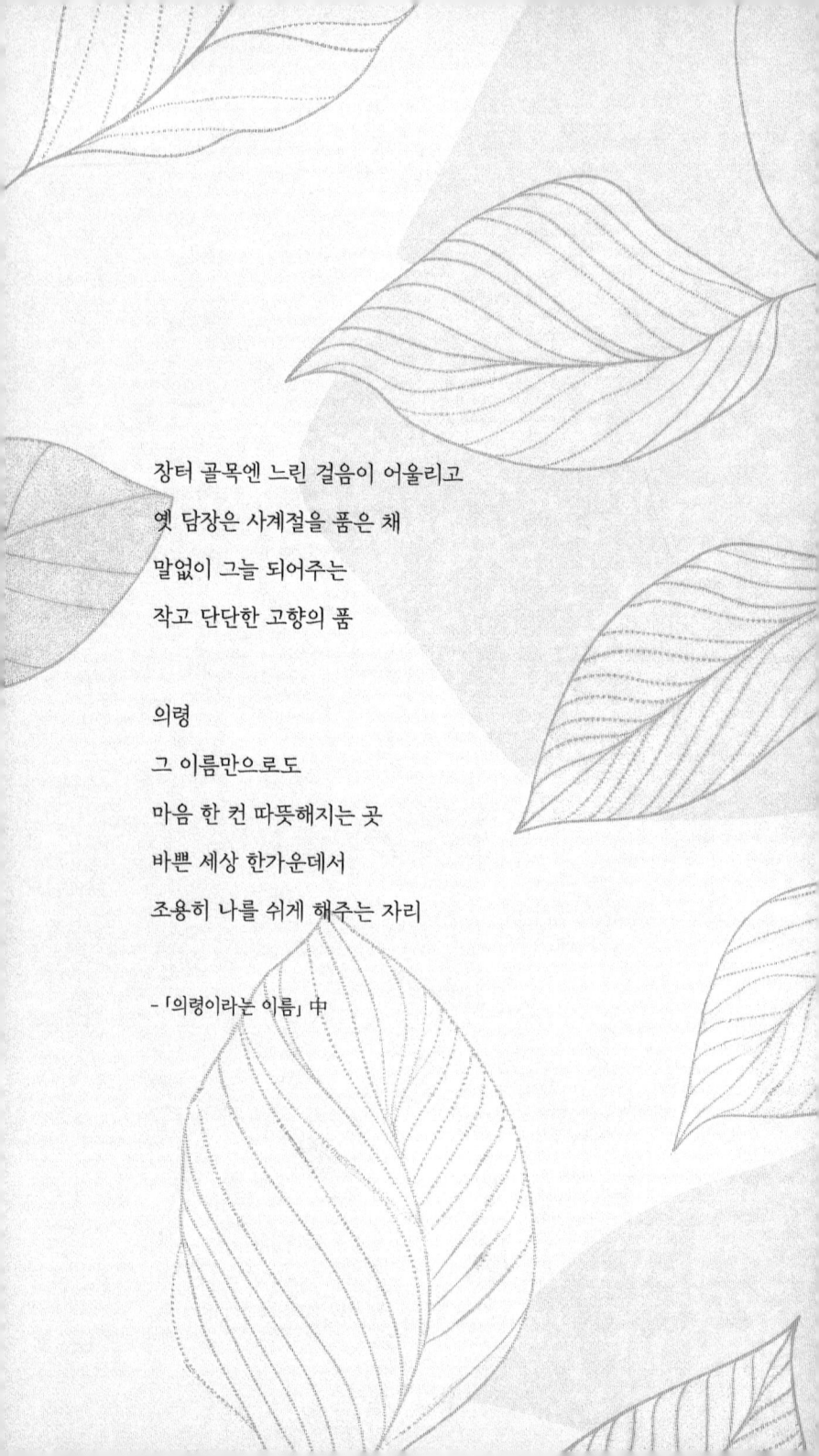

제1부

의령 | 의령의 넋 | 자굴산에서 | 자굴산 그날의 산 | 마음 속에 꽃 | 의령이라는 이름 | 수도사 그 고요의 이름 | 리치 리치 페스티벌 | 의령 부잣길 1 | 의령 부잣길 2 | 변화의 시작 더 살기 좋은 의령 | 고향의 맛 망개떡 | 한글의 빛 이극로 | 소리의 글자 | 말모이는 울었다 | 한글을 모른다고 비웃지 마라 | 한글 | 어머니의 편지 | 의령리치합창단 첫소리 | 의령리치합창단의 첫걸음 | 귀농의 꿈 | 귀촌의 행복

의령

지리산 끝자락
물 맑은 남강이 돌아 흐르며
고요한 들녘 사이로
바람은 옛이야기를 품고 간다

초가 처마에 스며든 햇살처럼
의령은 따뜻한 고장
할머니의 손등 같고
묵은 소나무 그늘 같다

시간을 천천히 걷는 땅
사람도 물소리도 기억도
의병의 숨결은 아직 살아
그 이름 의령이라 부른다

의령의 넋

바람이 분다
지리산 골짜기 따라
의령 땅을 스치면
그날의 외침이 살아난다

총도 없고 칼도 없었지만
나라를 위하여 백성을 위하여
두 주먹 불끈 쥐고 정의 하나 품었던
그대들이 바로 의병이었다

하늘은 기억하리라
그 밤의 횃불을
그날의 통곡을
의령의 산화한 젊은 피

한 줌 바람 되어 흩어졌어도
들판 위 곡식처럼 살아 숨 쉬는 이름
바람은 지금도
그대의 혼을 따라 흐른다

자굴산에서

자굴산 이름만 불러도
바위틈 사이로 바람이 운다
억새는 은빛 파도 되어 출렁이고
산새는 낮은 소리로 전설을 읊는다

굽이진 길 따라 오르다 보면
저마다 가슴속에
작은 침묵 하나씩 안고
하늘 가까운 곳에 다다른다

바위는 말을 하지 않아도
천년을 품은 눈빛을 가졌고
그 품에 기대 선 나무도
때를 알고 사는 지혜를 배운다

자굴산 푸른 등줄기 위로
해는 천천히 등을 보이고
우리는 그저 잠시
자연 앞에 고개를 숙인다

자굴산 그날의 산

자굴산에 오르면 들린다
돌마다 바람마다 새겨진 이름
총 대신 의지 하나 들고
나라를 품었던 의병들의 숨결

울창한 숲 그늘 아래
칼날 같은 결심 뿌리를 내리고
낮은 목소리로 맹세하던 밤
산은 그 모두를 기억하고 있다

흙은 피를 머금었고
바위는 그 피를 지켜냈으며
그대들이 걸었던 그 길 위로
지금도 발걸음은 조용히 따른다

자굴산은 산이 아니었다
그날 그것은 성벽이었고
피 묻은 깃발이었으며
의령의 혼이 잠든 성지였다

마음속에 꽃

산 벚꽃 흐드러진 고을 언덕
낡은 짚신 자국 하나 남아
그 자국 따라 걷다 보면
조용히 울먹이는 풀잎이 있다

총칼은 없었으나
심장은 늘 칼날처럼 날이 서 있었고
고요한 달빛 아래
그대는 조국의 이름을 속삭이고

한 줌 바람 되어 흩어졌어도
들판 위 곡식처럼 살아 숨 쉬는 이름
의령의 바람은 지금도
그대의 혼을 따라 흐른다

기억하리라 잊지 않으리라
피로 지킨 땅 뜻으로 남은 하늘
그날의 불꽃은 사라지지 않고
우리 마음속에 꽃이 된다

의령이라는 이름

작지만 깊은 뿌리를 지닌 땅
역사의 품에서 자란 의령
곽재우 장군의 기개는
지금도 자굴산에 바람처럼 흐른다

한우산 넘어 붉게 물든 저녁
물소리 맑은 찰비계곡 따라
삶은 조용히 익어가고
사람들은 인심으로 인연을 맺으며

장터 골목엔 느린 걸음이 어울리고
옛 담장은 사계절을 품은 채
말없이 그늘 되어주는
작고 단단한 고향의 품

의령 그 이름만으로도
마음 한 컨 따뜻해지는 곳
바쁜 세상 한가운데서
조용히 나를 쉬게 해주는 자리

수도사 그 고요의 이름

자굴산 자락 깊은 품에
천년 세월 묵묵히 앉은 절 하나
수도사라 불리는 그곳엔
침묵조차도 기도가 됩니다

돌계단마다 이끼가 눕고
소나무 그림자 따라 바람이 걷고
부처의 눈은 말없이 웃으며
사람들의 사연을 내려놓게 합니다

종소리 하나 산허리를 타면
세속의 번뇌도 천천히 씻기고
마음속 얕은 물살마저
맑아져 흐르는 것을 느낍니다

수도사 그곳은
세상이 놓고 간 마음
다시 주워 담는
조용한 회복의 자리입니다

리치리치 페스티벌

부자 고을 의령 땅
황금빛 햇살 아래 꿈이 피고
리치리치의 함성 속
그 속에 삶이 흐르며

넓은 들판에 뿌린 땀방울
번쩍이는 금으로 되돌아오고
강가를 따라 흐르던 이야기
모두가 웃으며 꿈을 꾸네

리치리치 넉넉한 이름처럼
사람들 마음엔 풍요가 피어
의령에 새 희망이 자라고
하늘도 더 높이 솟아올라

함께 웃고 함께 나누며
리치리치의 노래는 멈추지 않는
의령 부자 그 꿈을 담아
모두의 꿈이 되어 흐르네

의령 부잣길 1

의령 부잣길에 서면
옛날 부자들의 꿈과 땀
이 길에 고스란히 배어
돌담 너머로 흘러가는 세월이 보인다

금빛 논밭이 펼쳐진 들녘
바람에 실려 오는 잔잔한 이야기
한 걸음 한 걸음 내딛을 때마다
역사의 숨결이 발끝에 닿는 듯

초가집 지붕 위로 내려앉는 저녁 햇살
고즈넉한 마을 정겨운 숨결
부잣길 끝에서 바라보는
평화로운 의령의 풍경

이 길을 걷는 이는 누구나
부자가 되는 기분이 들고
의령 부자 그 꿈을 담아
모두의 꿈이 되어 흐른다

의령 부잣길 2

의령 부잣길을 걷노라면
한세월이 담긴 돌길이 속삭이며
고요한 마을에 퍼진 옛날이야기
바람결에 실려와 마음을 적시고

부자라 불린 사람들의 발자취 따라
누군가의 땀이 묻어 있는 이 길
가을볕에 반짝이는 황금빛 논 들
지친 마음을 따뜻하게 감싸주며

오늘도 이 길을 걷는 이들 속에
옛 시절의 정겨움이 남아 있어
작은 마을에도 여전히 흐르는
풍요로운 마음의 향기가 그득하다

변화의 시작 더 살기 좋은 의령

푸른 하늘에 희망이 떠오르고
바람은 따뜻한 약속을 속삭이며
변화의 노래가 울려 퍼지는
의령의 아침은 새롭다

작은 마을 골목에서
새로운 꿈들이 피어나는 곳
더 살기 좋은 의령을 향한 발걸음
조용하지만 강한 울림을 가지고

사람들의 손길이 닿는 곳마다
새로운 길이 열리며
밝은 미래를 향한 믿음
뿌리 깊은 나무처럼 자라나고

어제보다 나은 오늘을 만들며
내일의 희망을 품는 이들
그들의 눈빛 속에 담긴 변화는
의령을 더 살기 좋은 곳으로 이끈다

고향의 맛 망개떡

산골 깊은 곳
푸른 나무들 사이에 맺힌
맑고도 고운 숨결이여
그대는 망개나무 잎에 스며들어
소박한 떡의 옷이 되었네
뽀얀 떡 안에 숨겨진
달콤한 팥소의 속삭임
손끝에서 정성스레 빚어진 떡
의령의 햇살과 바람을 품고
작은 떡 한 점에 담긴
먹는 이의 마음속 깊이 스며드는
고향의 맛 그리운 사람들의 정

한글의 빛 이극로

한글의 빛을 밝힌 이여
깊은 어둠 속에서
조국의 글을 지키려는 그 마음
쇠사슬 같은 시대 속에서도 굴하지 않았네

민족의 등불 손에 쥐고
한글의 꽃을 피웠던 언어는 우리의 혼
그 혼을 위해 걸었던 길
험난하고도 외로운 길이었으리

고난의 강을 건너
희망의 땅 후대에 남겨진 그 씨앗
우리는 당신의 이름을 부르며
한글의 소중함을 기억하리라

소리의 글자

바람이 지나가며 속삭이는 소리
숲 속 새들이 남긴 작은 노래
물방울이 돌 위로 떨어지는 그 순간
모든 소리는 글자가 되네

어둠 속에서 빛을 따라가는 발소리
아이의 웃음 속에 숨겨진 말
파도가 해변에 부딪치며 적어가는 이야기
이 소리들이 모여 우리는 읽네

보이지 않아도 들리지 않아도
어딘가에서 떠도는 소리문자
우리 마음속 깊이 새겨져
하나의 문장이 되고 하나의 세계가 되네

이 세상의 모든 소리
그것이 바로 우리의 언어

말모이는 울었다

핏빛처럼 번진 밤
종이와 펜이 칼이 되어
숨죽인 방 안에서
말들이 떨며 일어섰다

찢기고 불태워지고
숨통이 끊어지면서도
단 한 글자도 포기하지 못해
가슴을 찢고 나오던 소리들

말모이는 울었다
그 울음은 칼날이 되어
침묵의 목덜미를 그어
피를 토하게 했다

그날
숨겨진 말들은 울면서
세상을 물어뜯고
다시 태어났다
누구도 막지 못할
검은 불꽃으로

p.s : 도깨비 영화관에 말모이 영화를 보고 와서....

한글을 모른다고 비웃지 마라

생애 처음으로 한글을 알게 된 날
마음속에 우렁우렁 눈물 같은 독백을 한다
무식하다고 나에게 무책임하게 비웃지 마라

가슴은 뜨거운데 평생 무지 속에
살아야 하는 서글픈 운명
돌이켜보면 지난 시절

일본군 위안부 정신대에 끌려가
내 조국 내 나라 말도 못 한채
심장에 무리가 될 만큼

서러움에 펌프질 하며
차갑게 갈무리해 온 죄밖에 없다
어쩌면 그동안 꿈꾸지 못했던

자음과 모음 알게 된 것
뜻밖의 횡재인지도 모른다
밤새 삐뚤삐뚤 적은 내 이름 석 자

한글

세종의 꿈이 내려앉은 날
한글은 별처럼 피어나
어둠 속에도 빛나는 글자들
백성의 마음을 품고 흐르는 강물

하나하나 소리로 얽히고
모양으로 풀리는 우리말
간결하며 깊은 뜻을 담아
마음을 전하고 세상을 읽는

손끝에 닿는 따뜻한 울림
한글은 바람처럼 자유롭고
산처럼 굳건히 서 있으며
시간을 넘어 이어진 그 선율 속에

우리는 한글로 꿈을 꾸고
한글로 사랑을 나누며
한글로 역사를 써 내려가는
우리의 노래 우리의 말 한글

어머니의 편지

며누라 읽어보래
너두 다른 환경에 자라
손 씨 집안에 시집왔고
나두 부모가 엮어서
시집와 너랑 인연이 되는구나

딸 다섯에 아들 하나
종가 집 종손 집에 시집와서 미안타
손 씨 남자들 다 성질이 급하니께
우쨌든가 참아보자 좋은 날이 있을 것이여

며누라 안 힘들구로 내가 잘할 것이니께
니캉 내캉 서로 마음 합쳐
손 씨 집안 잘 일으켜 보자며
한 자 한 자 써 내려간 어머니의 필체

자음과 모음이 합쳐
침 발라 꾹꾹 눌러쓴
시커먼 흑연심 흔적이
어머니의 가슴인 것을

하루 같은 1년, 1년 같은 하루
모진 시집살이에 답답한 억울함을
벙어리로 인내하며 받아낸 핏빛 훈장 하나
울 어머니 가슴에 달고 떠나셨다

당신이 그리울 때마다
내 마음 열리는 가을하늘처럼
그 누구도 닫지 못하는
푸른 하늘이다

p.s : 어머니의 사투리 반영했음

의령리치합창단 첫소리

어두운 무대에 조명이 비추고
그곳에 첫소리가 피어나며
아직은 떨림 가득한 목소리
서로를 감싸 안으며 하나가 된다

고요를 깨우는 선율
의령 하늘에 울려 퍼지는 화음
작은 목소리 모여 큰 강물 되어
마음을 적시고 세상을 흐르리

함께 나누는 숨결
엇갈리는 눈빛 속에
새로운 꿈이 피어나고
희망의 노래는 첫걸음을 떼네

오늘의 떨림
내일의 힘이 되어
의령리치합창단
빛나는 길을 노래하리라

의령리치합창단의 첫걸음

작은 발걸음이 모여 큰 울림이 되고
한 사람의 목소리가 모여 하모니를 이루네
두근거림 가득 안고 첫소리를 내며
조용히 흐르던 시간이 새롭게 펼쳐져
의령의 바람을 타고 멀리 퍼질 노래
그 안에 담긴 꿈과 희망 따뜻한 마음
첫 발자국이 내일의 선율이 되어
서로의 소리에 귀 기울이며 함께 걸어가는 길
흔들리지 않는 화음 변치 않는 열정으로
의령리치합창단의 길은 빛나리라

p.s : 의령합창단 공연을 보고 와서....

귀농의 꿈

바람이 불어오는 산골 길 따라
도시의 빛을 뒤로하고
흙내음 가득한 길을 걷는다

낯선 땅이 주는 따스함 속에
소박한 마음 하나 품고
새로운 땅과 인사를 나눈다

별이 총총한 밤하늘 아래
푸른 들판이 내일의 집이 되어
가꾸고 싶은 씨앗이 내 손에 담긴다

땀방울이 맺힌 흙 위에
작은 싹이 돋아나는 기쁨
나무가 자라 숲이 되는 기다림

그리움은 땅에 스며들고
귀농 그 시작은 이 땅에 머물겠다는 약속
꿈은 하늘로 뻗어나가네

귀촌의 행복

고요한 아침 창가에 내려앉는 햇살
바람결에 실려 오는 솔향기
들꽃이 피어나는 작은 길목

도시의 소음은 이제 먼 기억
대신 들리는 새소리와
풀벌레의 작은 노래

하루를 채우는 단순한 일들
밭을 일구고 나무를 가꾸며
흙 속에 묻힌 내 마음이 싹튼다

이웃과 나누는 따뜻한 미소
말없이 건네는 손길 속에
작은 행복이 가득하다

바쁜 삶에서 벗어나
한적한 날 속에 내 삶을 담아두니
이곳 이 시간이 내게 평화로운 보금자리다

멀리서 바라본 의령의 작은 마을

정겨운 불빛이 집집마다 피어올라

산 아래 펼쳐진 세상을 감싸 안으며

한우산의 품속에 평화가 내려앉는다

- 「한우산의 노을」 中

제2부

천년고찰 수도사 | 자굴산의 아침 | 한우산의 노을 | 찰비 계곡의 속삭임 | 행복을 지켜준 영웅 곽재우 | 독립을 꿈꾼 선각자 안희제 | 천년의 숨결 솥바위 | 후르룩, 엄마의 미소 | 내가 어쩌다 1 | 내가 어쩌다 2 | 떠나는 길 | 제실의 아침 | 제실에서의 축문 | 하늘 아래의 비극 | 하늘의 상처 | 남겨진 이들의 노래 | 남강에 비친 진주 | 진주의 노래 | 남강에 서면 | 흐르는 남강 | 꽃을 닮은 그녀 | 작은 공 하나가

천년고찰 수도사

고요한 산사에 내려앉은 달빛 아래
천년의 시간 속 고요히 숨 쉬는 수도사여
오랜 돌담길에 스치는 바람마저도
당신의 묵상을 방해하지 못하리

깊은 밤 긴 세월을 닦아낸 마음으로
모든 번뇌를 스스로 걸어 잠그고
모래알처럼 가벼운 발걸음
진리의 길을 향해 묵묵히 걷는 그대

가을이 오면 붉은 단풍 속에서
봄이 오면 새싹의 청초함
그대의 깊은 눈길은 무엇을 보는가
우리와 같은 세상에 머물지만
마음은 이미 그 너머의 경지에 있으니

천년을 지켜온 산사에 서서
바람 같은 마음으로 살아가는 당신
우리는 당신의 고요 속에서
참된 깨달음을 배우며

흐르는 강물도 쉬어가는 곳에서
세상의 모든 슬픔과 아픔을 품고
고요히 흐르는 당신의 숨결처럼
언제나 평화롭게 있으리라

자굴산의 아침

자굴산 고운 능선에 이슬이 맺혀
새벽빛에 은빛으로 반짝이고
푸른 숲은 깊고 고요히 숨을 쉬며
산새들은 노래하며 하루를 맞이하고

산을 감싸는 바람은 부드럽게 불어
자연의 속삭임을 전해 주며
바위틈 사이로 피어난 작은 꽃들
험한 길에서도 아름답게 피었구나

한 걸음 한 걸음 산길을 오르니
세상은 어느새 작아져 발아래에 있고
자연의 품속에서 자유로움을 느끼며
자굴산의 품에 안겨 평온을 찾는다

한우산의 노을

한우산 높은 곳에서 붉게 물든 하늘
저녁노을 산자락을 감싸 안고
그윽한 산길 따라 오르는 발걸음
소리 없이 고요히 하루를 마친다

바람이 전해주는 소박한 산의 향기
풀잎 하나에도 고이 스며든 시간
낙엽이 지는 숲길을 걸으며 느껴보는
오랜 세월 견딘 땅의 깊은 숨결

멀리서 바라본 의령의 작은 마을
정겨운 불빛이 집집마다 피어올라
산 아래 펼쳐진 세상을 감싸 안으며
한우산의 품속에 평화가 내려앉는다

찰비 계곡의 속삭임

맑고 투명한 물줄기 흘러내리는 곳
찰비계곡 의령의 숨은 보석
바위 틈새로 부딪히며 노래하는 물소리
자연의 선율로 마음을 적시는구나

푸른 숲 그늘 아래 쉬어가는 바람
한낮의 더위도 이곳에선 잠이 들고
발끝을 간지럽히는 시원한 물길
오랜 세월 품으며 이야기를 전하고

계곡 따라 피어난 작은 들꽃들
그 향기가 숲 속에 은은히 퍼지며
고요 속에 들리는 자연의 속삭임
찰비계곡은 언제나 평화의 안식처

행복을 지켜준 영웅 곽재우

붉은 옷 휘날리며 일어선 이름
의령의 들판을 불꽃처럼 누볐던 곽재우
나라를 지키겠다는 결연한 외침
그 목소리로 백성은 희망을 얻었네

물결처럼 몰려오는 왜군의 위협 속
그의 칼끝은 강인함의 노래가 되었고
강산을 품고 흐르던 그의 용기
오늘도 의령의 바람 속에 울려 퍼진다

그대의 붉은빛은 사라지지 않고
백성의 마음속에 영원히 남아 있는
곽재우 그대는 단순한 장수가 아니라
행복을 지켜준 우리의 영웅이라네

독립을 꿈꾼 선각자 안희제

민족의 혼을 품고 일어선 이름
안희제 그는 잊히지 않을 불꽃이었다
암울했던 일제의 그늘 아래서
그는 조국의 내일을 위해 길을 열고

백산의 뜻을 품고 걸어간 길
독립을 꿈꾸며 불사른 그의 신념
조국의 흙을 밟으며 울었던 그의 눈물
그것은 우리의 자유를 위한 불씨였다

그의 땀과 눈물로 피어난 희망의 꽃
오늘도 그 향기는 민족의 가슴을 적시고
안희제 그대의 이름은 역사가 기억할
독립의 등불이자 희망의 씨앗이라네

천년의 숨결 솥바위

맑은 남강 물길 따라
의령 땅 깊숙이 숨겨진 전설
검은 솥 하나 하늘과 맞닿아
세월의 연기를 피워 올린다

비바람이 깎아낸 솥바위
사람들의 기도와 소망이 스며들어
마치 신의 솥처럼
뜨겁게 삶을 끓여내고

검은 솥은 하늘이 내려준 보물
한 번 끓이면 백성의 밥이 넘쳐흐르고
기근의 해에도 굶주림이 없다는
마을의 기도가 담긴 전설

이 바위가 끓이는 건
바로 의령 사람들의 꿈과 희망
오늘도 강물은 솥을 감싸 안고
천천히 노래를 부른다

후르륵, 엄마의 미소

좁은 소바집 문을 열고 들어서니
김이 모락모락 피어오르고
멸치 육수 끓는 냄새에
엄마 얼굴에 미소가 번졌다

"아이고 냄새 좋네"
말씀하시며 자리에 앉아
차갑게 헹군 메밀 소바를
젓가락으로 조심스레 들어 올리신다

후루룩 들이키시더니
"야, 이거 별미다!" 웃음꽃 피우시며
입맛 잃으셨던 엄마 얼굴
국물 한 모금에 순식간에 환해진다

미소 번지던 그 순간
나는 몰랐다
그 웃음이 마지막일 줄은
흘러가듯 사라진 세월

지금도 의령 소바 집 앞을 지나면
그날의 친정엄마의 환한 웃음
김처럼 피어오르는 그리움
아직도 내 마음 속에 남아 있다

내가 어쩌다 1

내가 왜 의령으로 시집왔을꼬
친구들은 다들 큰 도시로 가는데
나는 어쩌다 이 고즈넉한 고장에
뿌리를 내렸을꼬

첫눈에 반한 낭군님 입가엔 보조개 때문인가
아님 도시의 소음 대신 들리는 정겨운 새소리 인가
고민 고민하다가 돌아보니
밭두렁 따라 핀 유채꽃이 웃고 있네

아침이면 닭이 먼저 일어나 깨우고
장날이면 마을 사람들이 한데 모이고
시골 인심에 길들여진 나
도시로 가라 해도 못 떠날 것 같다

내가 어쩌다 2

내가 왜 의령으로 시집왔을꼬
부산 가던 길을 잘못 들었나
한양 꿈꾸다 바람이 날렸나
어쩌다 보니 이 동네 며느리가 되었네

처음엔 울컥했다네
바다가 보이지도 않고
지하철도 없고
까치만 유유히 하늘을 가르니

그런데 말일세
논둑 따라 걷다 보니
땅이 참 너그럽고
사람들이 정이 많다네

아들 딸 결혼시켜 사위보고 며느리 보았으니
이제는 묻지 않는다네
타향도 정이 들면
인심 좋은 따뜻한 고향인 것을

떠나는 길

잠시 머물다
별이 되어 가시는 길
남겨진 시간 속에
당신의 숨결이 흐르네

눈을 감아도 그리운 목소리
아름다운 미소
함께했던 나날들
바람처럼 스쳐가고

이제는 먼 곳에서
나를 지켜보리라
우리 곁에 없지만
여전히 빛나는 별처럼

마음속 깊이 새겨진
당신의 사랑과 기억
한 줌의 바람 속에도
영원히 머문다

p.s : 고인에 대한 추모와 사랑을 표현한 시

제실의 아침

고요히 서 있는 제실의 마루
묵은 기둥 사이로 아침 햇살이 스며들면
한 해를 건너온 바람 속에
조용히 깃든 조상의 숨결이 느껴진다

두 손 모아 간절히 올리는 향
맑은 잔에 담긴 물처럼 투명한 마음
손끝에 전해지는 차가운 그릇마다
이어지는 혈연의 맥이 되살아난다

할아버지의 옷자락이
할머니의 미소가 스치는 듯 한순간
자손들의 발걸음이 어우러진 자리마다
시간은 새삼 조용히 돌고 돈다

묵은 책장 속에 담긴 옛이야기
수많은 이름 속에 흐르는 우리의 시간
오늘도 제실 앞에 서서
과거와 현재 미래를 함께 기린다

제실에서의 축문

정갈한 제실 바닥 위
한지에 담긴 축문이 펼쳐지고
손끝에 감도는 묵은 종이 냄새 속에
조상들의 숨결이 느릿하게 피어오른다

먼 세월의 기억을 불러내는 듯
가늘게 떨리는 목소리로 축을 읽으며
한 글자 한 글자 마음에 새기고
조용히 이어지는 음성에 숨이 모여든다

여기 살아가는 우리의 이야기
남겨 주신 길 따라 잘 살아가노라
간절한 뜻이 깊어지면 깊어질수록
숨죽인 공간에 눈물 한 방울 맺혀 흐른다

조용한 제실에 깃든 순간마다
과거와 현재가 나란히 서서
끝없이 이어지는 시간 속에
우리의 축이 조상에게 닿는다

p.s : 시제를 모시고 ....

하늘 아래의 비극

하늘은 푸르렀으나
그날은 먹구름이 깔린 듯했다
희망을 싣고 날던 철새가
순간의 바람에 날개를 꺾이고 말았다
그곳에 스며든 시간
침묵과 눈물로 물들어
목소리들은 고요 속에 갇히고
사연들은 빛을 잃었다
누군가의 손길은 닿지 못했고
누군가의 목소리는 꺼져갔지만
그 이름들은 영원히 기억될 것이니
그들의 꿈은 하늘에 남으리라
무심한 세월이 지나가도
우리는 잊지 않으리
그날의 비극을 그날의 교훈을
그리고 남겨진 사랑들을

p.s : 무안항공 참사 추모하면서....

하늘의 상처

푸른 하늘 아래
철새처럼 날던 비행기
순간의 숨결에 꺾였다
바람은 차가웠고 대지는 무겁게 울었다

꿈을 싣고 떠난 여정
돌아오지 못할 길이 되어
누군가의 기다림은
깊은 침묵 속에서 얼어붙었다

비명과 눈물이 뒤섞인 그날
시간은 조용히 흐르며
소중함 삶의 무게와 남겨진 흔적
우리가 잃은 것을 말해주었다

우리는 기억하리라
그들의 이야기를
그들이 바라던 하늘을
그리고 그 하늘에 남겨진 빛

다시금 떠오르는 태양 아래
그들의 이름을 부르며
하늘을 올려다 본다

p.s : 무안항공참사를 추모하면서....

남겨진 이들의 노래

눈물은 마르지 않았다
시간은 흘렀으나 아물지 않은 상처처럼
그들은 기다린다
돌아오지 않을 발걸음의 소리를

흐릿한 사진 속 미소가
가슴을 찢고 지나가며
누구의 잘못도 아닐지라도
귓가에 맴도는 목소리가 아프다

세상은 무심히 지나가며
사랑했던 날들의 잔상 속에서
남겨진 자들은 그 무게를 홀로 짊어지고
기억 속에 살아간다

유족들은 말한다
우리가 슬픔 속에 머무는 것은
사랑이 그만큼 깊었기 때문이라고
시간을 넘어 그들의 이름을 부르며

p.s : 무안항공 참사를 추모하면서....

남강에 비친 진주

남강 물에 반짝이는
한 알의 보석 같은 고장
바람결에 실려 오는
역사의 숨결 사람의 정

촉석루에 걸터앉아
달빛 아래 시를 쓰면
논개의 눈물조차
별빛 되어 춤을 추네

골목마다 인심 흐르고
한들한들 꽃이 피니
진주는 언제나 그대로
빛나는 이름이어라

진주의 노래

논개의 눈물이 스민 강물 위
조상의 숨결이 조용히 깃들고
돌담 따라 걷는 진주의 길
유등이 환하게 피어난다

진주성에 울려 퍼진 충절의 함성
역사의 물결 속에 빛난 논개의 의기
성벽에 남은 칼자국은 말하네
지킨 것도 잃은 것도 있었노라고

과거는 뿌리로 현재는 꽃으로
진주는 시간 위에 핀 이야기
어제와 오늘이 손을 잡고
내일을 향해 천천히 걸어간다

남강에 서면

애끓는 가슴앓이
지그시 깨문 입술
분노는
혼 불을 지펴 민족 앞길 밝히고

하얀 한숨 솟구쳐 사라지는
남강 물살의 뒤척임
논개의 한 맺힌 사연
진주성은 아는 것이리라

억겁의 세월을 뒤척이며
가슴 밑바닥 가라앉은 앙금
꺼억꺼억 울며 토해 내고
끊어질 듯 이어지는 붉은 심장

왜장을 껴안고 남강에 몸을 던진
마지막 목숨 하나 구국의 원을 빌며
포효하듯 울부짖는 논개의
울음이 들린다

흐르는 남강

천지간의 길 없는 길을 따라
유유히 흐르는 강물의 속 깊은 뜻
누가 알 수 있을까

모든 것 강으로 흐르고
다시금 본향의 바다로 모이면
남강 기슭 굽이굽이 흐르는

양손에 낀 쌍가락지
온 힘을 주던 애국의 혼
맑은 강물 위에 던진 그 충정

한결같은 조국 위한 애국정신
촉석루 난간에 비친 잔영
진양성에 숨은 숨결 의암에 새기듯

급물살을 타고 생을 휘감고 있는 모습
끈질긴 힘의 요동이 시간을 끌고 가는
흐르는 남강 힘찬 물줄기 속에

한 맺힌 큰 바위 돌 하나가
논개 논개 소리치며
그때의 함성이 들리는 듯
세월은 흘러도 역사는 살아있다

꽃을 닮은 그녀

열아홉 꽃다운 나이
왜장을 껴안고 푸른 남강에 뛰어내려
꽃처럼 사라진 여인
비극이 눈앞에 서성이며
그녀의 심정은 오죽했을까

붉은 꽃잎 후드둑 지는 소리
온몸을 휘감는 논개의 선열
사랑하는 님 그리움 토해놓고
온몸 바쳐 활짝 피었다가
순식간에 지는 꽃을 닮은 그녀

눈물로 맺힌 꽃향기
서러워 오늘도
강물에 푸르게 풀어놓아
간질간질 웃음 같은 슬픔 안고
흐르는 물 안에 세월이 사는 동안

산 그림자도 출렁이며 누워있고
숨을 거두는 해도 물 안에 안겨 흐느끼는데
멀리 서 있는 겹으로 쌓은 인연
북적되는 세월을 누비며 물속에서
논개의 영혼이 꿈틀거린다

작은 공 하나가

꽃잎 위를 스치며
나른한 오후의 햇살 속
봄바람 가벼운 춤을 추는 봄날

내 안의 덜컹이는 모든 추를 내려놓고
그린 위에 작은 공 올려
클럽을 휘둘러 공을 치면

바람을 타고 공은 곡선을 그리고
하늘위로 높이 날아 스트레스 사라져
내딛는 발걸음 가벼워지고

말없이 뒤 따르는 반짝이는 햇살
친구와 함께 웃는 소소한 즐거움
시간은 멈춘 듯 행복이 묻어난다

아이의 웃음 속 어머니의 기도 속에
우리는 아직 평화를 품고 있다
서로의 다름을 이해하기보다
먼저 판단하는 세상일지라도
한 걸음 느리게 가는 사람 속에

진짜 평화는 살아 있고
평화는 말이 아니라
삶으로 짓는 긴 시 한 편
우리는 지금도
그 시의 첫 행을 써 내려가는 중

- 「먼 길 끝에 있는 것」 中

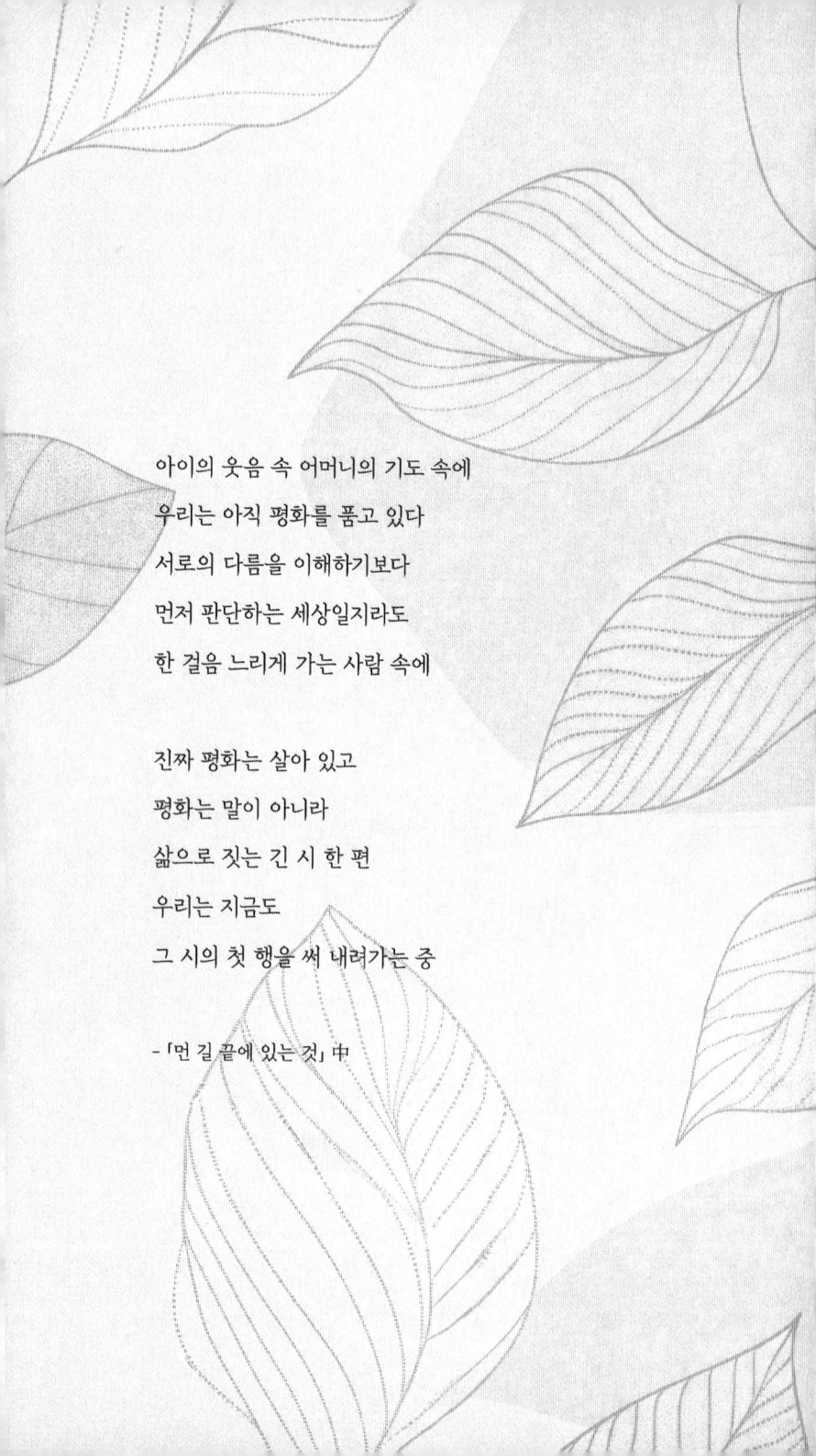

제3부

침묵 속의 총성 | 관세 전쟁 | 관세라는 벽 | 광란의 칼춤 | 전쟁의 그림자 | 중동전쟁 | 한강 작가 노벨의 날에 | 노벨문학상 희소식 | 참는 마음 품는 사람 | 작은 소망 | 물처럼 | 먼 길 끝에 있는 것 | 딥페이크 거짓과 진실 1 | 딥페이크 거짓과 진실 2 | 돌멩이의 이야기 | 막걸리 | 이슬 머금은 거미줄 | 치매 1 | 치매 2 | 보리수 길에서 |

침묵 속의 총성

철벽 같은 국경 넘어
무역선은 숨을 죽이며
한 줌의 이익을 지키려
관세는 성벽을 높인다

책상 위 도장은
검보다 날카롭고
시장의 표정
뉴스보다 먼저 얼어붙어

깃발 없는 전쟁터에서
상품들은 값을 치르고
쌓여가는 서류 더미 속
서로를 겨누는 붓 끝

하얀 종이 펼쳐진 자리
검은 잉크 총알 되어
조용한 숨소리 사이로
계약과 조항이 부딪친다

관세 전쟁

자유 무역 외치더니
갑자기 철벽 세우고
손바닥 뒤집듯 바뀌는 법
관세란 이름의 숨은 덫

공정한 게임이라지만
규칙은 한쪽이 정하고
눈치껏 맞춰야 한다며
힘없는 자들만 흔들리며

이득은 누구 몫인가
돈 놓고 돈 먹기인가
강대국의 패권놀이
작은 나라는 멍들고

무역이 춤을 춘다
서로 맞춰야 멋지거늘
혼자 북 치고 장구 치면
누가 곁에서 춤추리오

관세라는 벽

높은 벽을 세우며
돈의 길목 막아서는
강자의 철옹성 앞에
약자들은 길을 잃고

자유라더니 족쇄요
공정하자더니 편법이고
손익 계산기 두드리며
정의는 뒷전이로다

더 내라 덜 가져가라
이리저리 장부 놀음
바람은 어디로든
틈새를 찾아 흐르고

오늘 막아도 내일 뚫려
돈의 물결 길을 찾고
높은 벽도 결국엔
스스로 무너지리라

광란의 칼춤

검은 연기가 하늘을 덮고
그 속에서 칼들이 춤을 춘다
번쩍이는 날들이 부딪히고
피와 욕망이 뒤섞인다

누군가는 법을 휘두르고
누군가는 법을 베어 넘긴다
정의는 외줄 타기
진실은 무너진 무대 위에 쓰러지며

칼춤은 멈추지 않는다
더 많은 손이 칼을 들고
더 많은 입이 거짓을 노래한다

춤이 끝나면 무엇이 남을까
부서진 약속 조각난 희망
그리고 또 다른 칼을 쥔 자들

전쟁의 그림자

부서진 도시의 잔해 속
대지에 흩날리는 먼지와 피
어제의 평화는 사라지고
사람들은 울음소리 삼킨다

집을 잃은 아이들의 눈빛
총성 속에 묻힌 꿈
시간은 끝없이 흘러가지만
평화는 어디에 숨었는가

전쟁의 소용돌이 속
이제는 서로의 가슴에 상처를 남기고
희망의 꽃은 짓밟힌다
언제쯤 이 싸움을 끝낼 수 있을까

p.s : 전쟁의 아픔과 희망을 표현하며 ....

중동전쟁

중동의 바람 속에
눈부신 모래 위로 들리는 탱크와 총소리
그 아래 묻혀버린 평화의 소리

뜨거운 태양 아래
차가운 눈물이 흐르고
불타는 하늘을 올려다보며
침묵 속에서 울부짖는 아이들

사랑과 꿈이 사라져 버린 땅 위
전쟁의 그림자는 길게 드리우며
과거의 찬란함이 흐릿해진 거리
희망의 빛마저도 서서히 사라져 가고

전쟁의 소용돌이 속에서도
한 알의 씨앗이 땅에 떨어져
다시 초록의 새싹이 돋아날 때
그곳엔 평화가 꽃피길 기도하리라

p.s : 전쟁의 아픔과 희망을 표현하며 ....

한강 작가 노벨의 날에

한강의 물결처럼 잔잔히 흐르던 이야기
아픔 속에서도 피어나는 꽃
차가운 땅 위에 떨어진 씨앗 같은 글
그 속삭임이 오늘은 세계의 귀에 닿았네

붉은 해가 저무는 저녁
시간을 두고 자라나더니
이제는 뿌리 깊은 나무가 되어
온 세상에 그늘을 드리우네

그녀의 문장이 어둠을 꿰뚫고
마침내 진실을 밝히고
지울 수 없는 상처 속에서
우리 모두의 이야기를 써 내려간 그 손길

노벨의 무대 위에 선 한강
그 이름이 새겨진 순간
모두가 잠시 숨을 멈추고
오늘은 그 빛이 더 멀리 퍼지네

고요한 강물 속에 잠긴 진실
가장 고요히 가장 깊이
세상에 내보인 그녀

노벨문학상 희소식

어느 날 먼 곳에서 바람이 불어오고
잊힌 이름들이 다시 속삭이는 날이 오네
말로 빚은 세상이 그대에게 전해지고
잉크로 적힌 별들이 하늘에 떠오르네

한 줄 한 문장
누군가의 가슴속에 씨앗을 심었고
그 씨앗은 어느새 꽃으로 피어나
세상을 물들였네

희망의 노래 사랑의 메아리
고통 속 진실이 드러나는 날
오늘은 그대의 이름
세상에 다시금 불려지리

침묵 속에서 길러진 단어
이제 빛 속으로 나아가리니
노벨의 명예로 새겨진 그대 이름
우리들 기억 속에 영원히 남으리

참는 마음 품는 사람

말은 쉽게 칼이 되어
서로를 찌르는 법이지만
참는 이는 침묵 속에서
자신을 더 깊이 단련하네

분노는 순식간에 타오르나
자제는 오랜 인내의 불
그 속에서 피워낸 온기만이
상처를 다시 꽃으로 돌리네

관용은 약함이 아니라
강한 자의 부드러운 힘
한 걸음 물러설 줄 아는 자
세상을 넓게 품는 이라네

오늘도 속 끓는 마음 안고
웃는 이가 가장 위대한 이
참고 또 품어내는 그 마음
세상을 조금씩 바꿔가리

작은 소망

밤이 깊어질수록 나의 문장은 조용해진다
이야기를 꺼내는 것이 아니라
이야기가 나를 꺼내 간다
책장 사이에 낀 먼지처럼
말과 말 사이에 숨은 침묵을 바라본다

그 침묵 안에 한강 작가의 문장이 있으며
슬픔이 물 위에 떠 있는 것처럼 잔잔하고
고통조차도 아름답게 녹여내는 언어
나는 가끔 그런 문장을 쓰고 싶다

빛보다 느린 마음으로
상처의 윤곽을 어루만지는 문장
세상의 소음을 가만히 잠재우고
어떤 이는 그 글을 읽으며 울 수 있게 하는 문장

그것이 이루어지지 않더라도 괜찮다
그저 나의 글이 누군가의 조용한 밤에
잠시 놓인 따뜻한 찻잔 하나쯤 될 수 있다면
나는 오늘도 조용히 써 내려간다

한강의 글을 닮을 수 있다는
작은 나의 소망을 안고

물처럼

물은 부딪쳐도 부서지지 않고
안으로 삼키며 흐른다
관용이란 그런 것
억세게 와도 조용히 감싸는 힘

억울함이 목까지 차올라도
말을 삼키는 건 약해서가 아니라
스스로를 아는 자의
깊은 지혜에서 비롯되고

가끔은 한 걸음 물러섬이
세 걸음 나아가는 길이 되고
손 내밀어 건넨 미소 하나가
서늘한 바람을 따뜻하게 바뀌며

흔들려도 흘러가는 마음
깨지지 않으려는 다짐
그 속에 담긴 조용한 용기가
우릴 더 나은 사람으로 만든다

먼 길 끝에 있는 것

전쟁은 늘 먼 곳에서 시작되어
가까운 이의 눈물을 남긴다
포화 속에서 잃은 이름
아직도 바람에 실려 떠다니고
분열의 깃발은 바람을 잘라도
진실은 자라나며
아이의 웃음 속, 어머니의 기도 속에
우리는 아직 평화를 품고 있다
서로의 다름을 이해하기보다
먼저 판단하는 세상일지라도
한 걸음 느리게 가는 사람 속에
진짜 평화는 살아 있고
평화는 말이 아니라
삶으로 짓는 긴 시 한 편
우리는 지금도
그 시의 첫 행을 써 내려가는 중

딥페이크 거짓과 진실 1

거짓의 얼굴 진실의 눈빛
거울 속에 비친 나를 믿었지만
가면 뒤에 숨겨진 타인의 손길
진짜가 아닌 진짜처럼 보이는 그 모습

깊이 감추어진 거짓의 숲 속에서
우리의 눈은 더 이상 진실을 찾지 못해
속삭임처럼 스며드는 가짜의 숨결
내가 아닌 내가 되어가는 순간들

눈앞의 진실을 의심하게 하고
거짓된 이미지 속에 진짜를 잃어가며
딥페이크 그 속임수의 마법
우리 마음속 가장 깊은 곳까지 파고

진실은 언제나 그 자리에서
가면을 벗길 날을 기다리고 있어
거짓된 그림자를 걷어내고 나면
우리가 찾아야 할 진짜 얼굴이 거기 있으리라

딥페이크 거짓과 진실 2

거울 속에 비친 세상
진실과 거짓의 경계는 흐려지고
눈앞의 얼굴 목소리 손짓까지
그것은 진짜일까 아니면 환상일까

화면 속의 웃음은 따스하지만
그 뒤에 감춘 그림자는 무겁다
마음은 속을까 진실을 찾을까
허상의 손길이 우리의 눈을 가리며

가짜가 진짜를 모방하는 이곳에서
우리는 무엇을 믿어야 할까
거짓의 실타래 속에서 길을 잃지 않는
진실의 빛을 향해 걸어가야지

돌멩이의 이야기

길가에 놓인 채
수많은 발길에 찰박이며
세월의 흐름 속에 묵묵히 존재하는
거친 바람과 폭우 속에서도
굳건히 자리를 지키고
시간의 흔적을 몸에 새기며

때론 걸림돌이 되어
누군가의 발목을 잡지만
때론 디딤돌이 되어
누군가의 길을 열어주기도 하는
작고 단단한 몸집 속에
세상 이야기를 품고 있는 너

길가에 강가에 산속 어딘가에
조용히 놓여있는 그 존재
아무도 주목하지 않지만
작고 소박한 돌멩이 하나
그 속에는 세월의 이야기가 담겨 있다

막걸리

짙어지는 녹음 산에 오르며
삶의 무게도 무거워져
이마에 땀이 송골송골

등 굽은 소나무 아래
꽁꽁 얼은 막걸리 한통과 사이다
가방 속에서 꺼내며 환하게 웃는 그녀

바람은 신록에 갇혀 잠들고
햇빛은 꽃잎에 앉아 노는
꽃향기 진동하는 날에는

뽀얀 막걸리 속에
잡다한 잡념 모두 넣어
새끼손가락으로 휘휘 저으면

연둣빛 산자락
진한 향기와 알싸한 막걸리 취해
누구라 할 것 없이 히죽히죽 웃고 있다

이슬 머금은 거미줄

새벽이슬 살며시 내려앉은
가느다란 거미줄 위에
작은 별들이 반짝인다

은실로 엮은 그 신비로운 망
한 줄 한 줄 공들여 짜 올린
거미의 정성과 인내의 흔적

바람이 숨죽이며 지켜보는 사이
빛은 조심스레 거미줄에 스며들고
그 순간 찰나의 보석이 되네

햇살이 비추면 사라질
이 순간의 아름다움
내 마음에 깊이 새기고 싶어라

치매 1

덜커덕
그만 놓아 버린 혼미한 정신 줄
당당하던 어깨는
활력 넘치던 기억조차 모조리 지운 채
구취 가득한 입으로 침을 흘리고
망가진 배설기관 대소변을 흘리며
눈만 껌벅껌벅 가물거림도 없이
사라진 기억 누가 빼앗아갔을까
원통함도 모른 채 잡은 손 놓아도
휑한 눈빛만 가슴에 담고
세월의 고래심줄 앞에
흘러간 청춘 어느 누가
그 올가미를 풀어헤칠 수 있을까

치매 2

두 눈에 희미한 어둠
짙게 덮는 날
손을 놓으면 금방이라도
떨어질 것 같은
마른 가지에 달려있는
마지막 잎 새처럼 가냘픈 모습
젊은 날에 청춘은 온데간데없고
계절도 모른 채
시간에 멈추어버린 치매
인생의 의자에서 잠깐 쉬었다가
바람이 부는 날에 낙엽처럼
이 세상 하얀 색으로 마감하는
인생의 끝자락에 선 모습
세월 앞에 끌려가는 우리들의 자화상

보리수 길에서

보리수 가지마다
작은 불씨가 켜진다
바람이 스치면
다닥다닥 붉은 종소리처럼 흔들린다

햇살에 달아오른 열매
그 속에 여름을 숨긴 듯
한 알 한 알 입술에 대면
떫고도 달콤한 계절이 터진다

어디선가 아이들의 웃음이
보리수 아래서 피어오르고
손끝마다 물든 붉은빛
해 질 녘까지 지워지지 않는다

긴 길 끝
보리수는 오늘도 붉다
지나온 발자국마다
잊고 있던 사랑을 부르듯

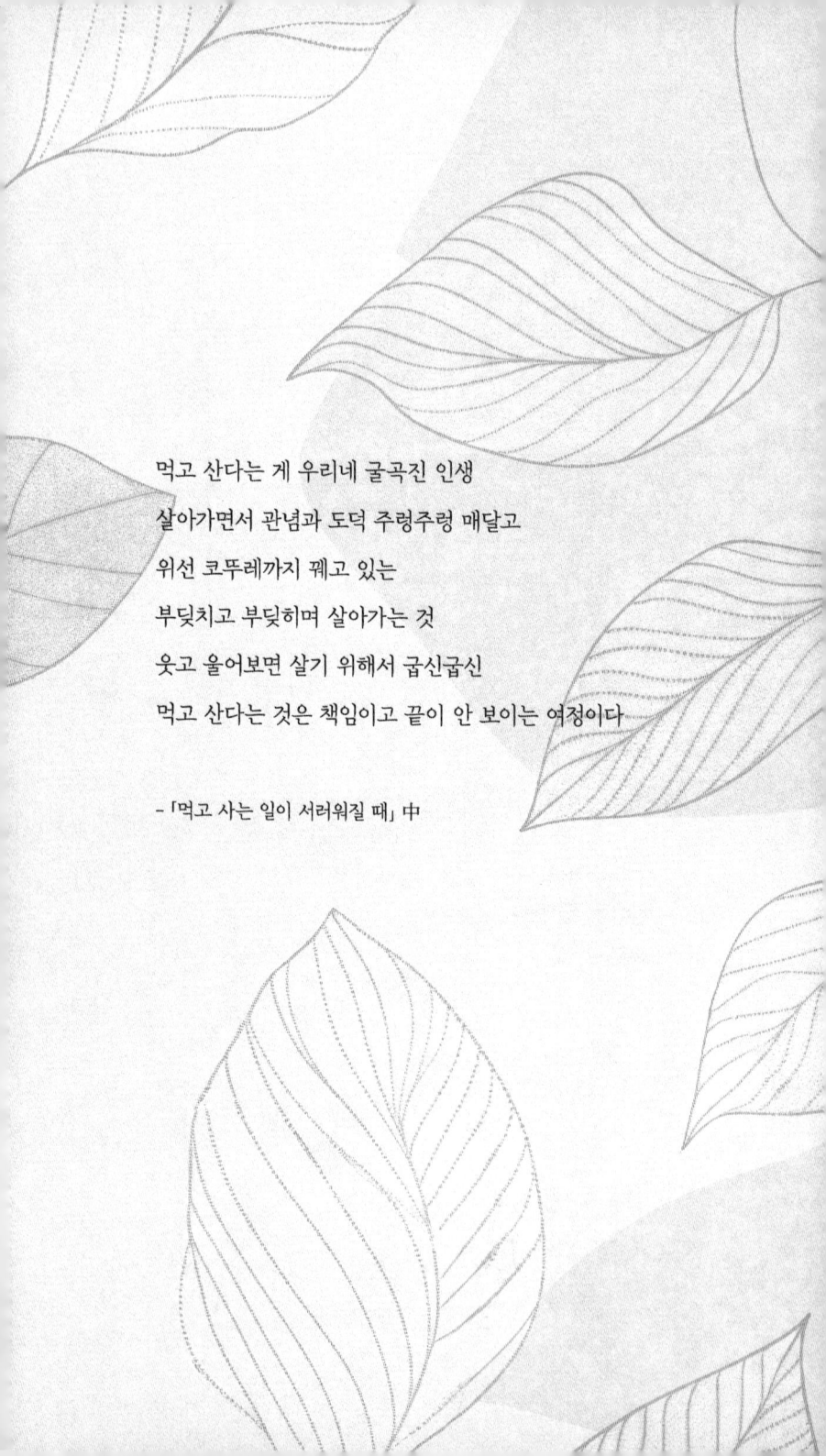

먹고 산다는 게 우리네 굴곡진 인생

살아가면서 관념과 도덕 주렁주렁 매달고

위선 코뚜레까지 꿰고 있는

부딪치고 부딪히며 살아가는 것

웃고 울어보면 살기 위해서 굽신굽신

먹고 산다는 것은 책임이고 끝이 안 보이는 여정이다

- 「먹고 사는 일이 서러워질 때」 中

제4부

하석䃜石 | 아리랑 | 북소리 | 큰북의 흥 | 독도의 날 | 흑백 사진 1 | 흑백 사진 2 | 시간의 자락 | 그날의 골목 | 폭염의 위력 | 일탈 | 철원의 주상절리 | 불법과 탈법의 무도회 | 파문 | 먹고사는 일이 서러워질 때 1 | 먹고사는 일이 서러워질 때 2 | 허무 | 영혼의 허기 | 피 묻은 눈물 | 산을 오르며 | 가을바람

하석河石

강물 곁에 앉은 돌 하나
오랜 세월을 머금고
흐르는 물결에 몸을 맡긴 채
말없이 세상을 보네

차가운 비에도 굳건히 서 있고
뜨거운 햇살에도 흔들림 없이
거친 바람에 깎인 모서리
그 속엔 이야기가 숨 쉬네

한때는 날카롭고 뾰족했으나
지나가는 시간 속에 부드러워졌고
물살에 떠밀리는 순간마다
새로운 모습으로 태어나

침묵 속에 강을 안고,
강은 다시 그를 품으며
하석 너는 작은 우주
변화 속에도 변치 않는 마음

아리랑

아리랑의 선율 따라
바람이 스치듯 흐르는
산과 강의 이야기
그 안에 숨겨진 우리의 마음

떠나는 길 위에 남긴 발자국
흐르는 눈물과 그리움의 소리
꺾이지 않는 희망
아리랑에 실려 바다를 넘고

기쁨과 슬픔을 품은 노래
아리랑 우리의 가락 속에
살아 숨 쉬는 땅과 하늘
그 속의 사람들

긴 세월을 지나
다시 만날 그날을 꿈꾸며
우리는 아리랑을 부른다
잊지 않으리라 우리의 혼을

북소리

둥 둥 울리는 북소리
넓은 마당에 퍼져나가네
둥근 원 속에서 사람들은 돌고
리듬 속에 숨겨진 이야기가 피어난다

힘차게 내려치는 손길마다
역사가 흐르고
장단에 맞춰 발걸음은 가벼워지며
울림 속에서 우리는 하나가 되어
마음을 나누고 전통을 잇는다

북소리 속에 담긴 우리네 흥
세월을 넘어 이어지는 그 울림
오늘도 끊임없이 메아리치네
함께 춤추고 노래하는 우리의 삶 속에서

큰북의 흥

둥 둥 울려 퍼지는 큰북의 소리
하늘까지 닿을 듯 한 그 울림
장단에 맞춰 마음이 뛰고
발걸음은 저절로 춤을 추네

두 손 높이 치켜들어 힘차게
둥 둥 울릴 때마다 흥이 솟구치고
웃음소리 가득한 마당엔
북소리가 물결처럼 번지네

모두가 하나 되어 즐기는 이 순간
큰북의 울림 속에서
세상도 춤을 추며
우리의 흥은 끝없이 이어지고

둥 둥 커다란 울림 속에 담긴
기쁨과 열정의 소리
오늘도 큰북은 멈추지 않으리
흥겨운 세상을 두드리며

독도의 날

푸른 바다 끝자락에 서 있는
작은 섬 독도여
바람과 파도 속에서도 굳건히 서서
우리를 지켜주는 너는
우리 마음의 등대와 같구나

하늘과 맞닿은 너의 땅
수천 년의 이야기가 흐르고
세월이 흘러도
한결같은 그 자리를 지키며
역사의 증인이 되었다

아침의 해가 너를 감싸 안고
저녁노을 너를 품어주는
그 속삭임 속에 우리의 목소리도 실려
영원히 너를 기억하리라

독도여 너는 우리다
너의 바람 너의 돌 너의 모든 것
우리의 가슴속에 살아 숨 쉰다
오늘도 내일도 그 어느 날에도
독도는 우리 모두의 자랑이리

p.s : 독도의 날에

흑백 사진 1

흑백 사진 속 풍경
말없이 시간을 담아내고
무겁게 흐르는 기억의 강에 잠겨 있다

빛과 어둠이 섞인 그 잔잔한 순간들
얼룩진 옷깃과 주름진 미소
흔들리는 그늘 속에서 숨을 쉰다

색깔 없는 세상에서조차
눈빛은 여전히 따뜻하게 남아
추억이란 이름으로 우리를 부른다

멈춰버린 시간 속에 피어난
가슴 저린 그리움
흑백의 선을 따라 끝없이 번지며
마음속 깊은 곳을 조용히 적신다

흑백 사진 2

흑백 사진 속의 시간
차가운 먼지처럼 내려앉아
빛바랜 순간들이 어둠 속에 잠긴다

잃어버린 웃음과 말들
차가운 은빛에 갇힌 채
바람에 스쳐가는 추억이 되어
우리 곁에 남았네

손끝에 닿을 듯 사라지는
잊혀진 이름과 모습
고요한 어둠 속에서 다시 피어나
그리움으로 흑백의 선으로 남았다

시간의 자락

햇살이 나른히 드리운 산사
고요한 향불의 실타래 감겨오면
조상들의 숨결이 흐르는 바람 속
옛 이야기가 소근 소근 스며들어

묵은 바닥 위에 놓인 찻잔 하나
작은 떨림 속에 비친 내 얼굴
어른이던 아이, 아이이던 어른
시간의 실마리로 이어진 그리움의 선들

긴 세월 녹여낸 나무 기둥의 온기
묵은 책장 사이 펼쳐진 흙의 향기
조용히 눈 감으면 들려오는
저마다의 삶이 흩어진 자리

우리의 시절이 겹겹이 쌓여
언제나 같은 듯 새로이 피어나는 시제
오늘의 내가 그 자리 서서
어제를 품고 내일을 꿈꾸네

그날의 골목

좁은 길 숨이 막히는 파도처럼
사람이 사람을 밀어 올렸다
비명은 공중에서 부서져 내렸고
시간은 그 자리에서 얼어붙었다

네온 빛은 여전히 번쩍였지만
그 속에서 빛을 잃은 눈동자
하나둘 바닥 위에 쓰러져
웃음과 울음이 한숨 속에 섞였다

어깨를 잡은 손은 놓이지 않았고
손끝엔 아직 온기가 남아 있지만
심장은 더는 대답하지 않아
바람은 그들의 이름을 불렀다

남겨진 자의 가슴속에
그날의 골목은 여전히 숨 쉬고 있다
아직도 들리는 발걸음과 숨소리
그리고 돌아오지 않는 목소리들

ps : 이태원 참사를 보면서.....

폭염의 위력

아스팔트가 숨을 헐떡인다
그늘 한 조각에 목숨이 달렸다
매미조차 울음을 삼키고
태양은 독처럼 내리 꽂힌다

옷깃만 스쳐도 화염이 튄다
물 한 모금이 생명의 기적
살갗 위에 열기 머무르면
사람도 나무도 말라 간다

선풍기는 바람을 토해내고
에어컨은 마지막 성벽처럼
한낮의 거리는 텅 비었고
햇살만이 거리의 주인이다

이 여름 태양은 무섭도록 당당하다
누가 감히 그 앞을 가로막으랴
기후는 경고하고 우리는 버틴다
뜨거운 지구 위 땀방울은 투항이다

일탈

보이지 않는
두려움으로 엄습해 오는 혼미한 세상
두려움을 안고 묻혀져 가는 삶 속에
질주하는 나는 누구인가

바짝 마른 가랑잎처럼
아픔 때문에 말라버린 가슴
스스로 묶어 놓은 끈 풀어 버리고
자유롭게 일탈을 하며

시곗바늘조차 관심 없이
하얀 낮달을 보면서
백치같이 웃고 있는 내 얼굴

벗어던져라
상상의 날개를 펴고
힘껏 날아 보아라
이상의 아방가르드처럼…

철원의 주상절리

주상절리 이십 대에 발걸음
젊음은 용암처럼 끓었지
가슴엔 바람을 담고
발밑 돌기둥은 단단함을 가르치며
내게 끝없는 꿈을 속삭이고
높다란 기둥 위로 시선을 던지며
내 삶도 저처럼 우뚝 서리라 믿었지
손끝에 닿은 돌의 차가움조차
그때는 미래의 설렘이었으니

주상절리 예순 중반의 발걸음
세월은 강물처럼 흘렀고
주름진 손으로 다시 만진 돌기둥은
여전히 그 자리에 있지만
예전엔 보지 못했던 이끼의 무늬
바람에 실린 깊은 고요
돌 틈새를 흐르는 생명의 흔적
이젠 단단함보다 흐름을 배웠고
우뚝 섬보다 함께 어우러짐을 알았다

이십 대에 나는 기둥을 올려다보았고
예순 중반의 나는 기둥을 어루만졌다
하나였던 주상절리가 두 모습으로
나의 젊음과 노년을 모두 비추었다
그곳엔 변함없는 돌기둥이 있고
변한 것은 오직 내 마음 뿐

p.s : 철원 주상절리를 다녀와서...

불법과 탈법의 무도회

빛나는 말들로 무대는 차려지고
황금빛 웃음 속에 건배가 오가며
법은 책 속의 먼지일 뿐
그들의 손길은 그물을 빠져나간다

우리는 다 법을 지킨다고
속삭이며 손을 맞잡지만
그 손끝엔 보이지 않는 칼날
뒷거래는 밤안개처럼 스며든다

법은 창문
깨고 나가면 탈법
창틀을 비틀면 편법
어느 쪽이든 바람만 새어 나간다

어느 날 음악이 멎고
가면이 벗겨질 때
춤추던 자들은 외친다
이건 다 관행이었을 뿐

관객은 알고 있다
진실은 침묵 속에서
칼을 간다는 것을

파문

아무도 너를 불러주지 않는다
네가 가면서 남긴 흔적
가슴에 남아
바람 한점 없는 두렁에
씨앗처럼 자라나는데
호수보다 큰 굴레가
그리움으로 버티어 서면
눈물로 망각을 떨구어
흔적을 지우고
감당하지 못한 그리움
내 가슴에 이토록 애잔한
파문을 일으킨다

먹고사는 일이 서러워질 때 1

먹고사는 것이 절박한 때
뱃속에서 귀신같이 쪼르르
들리는 귀뚜라미 울음처럼
배고프다는 화음소리가 목젖 찢어져라 피어나고
삶의 바다를 건너는 이 고단한 어깨를 보듬으며
돈과 밥은 평생을 따라다니는 업보 같은 것

때로는 순풍 타고 흘러가는 돛단배와 같이
평탄한 길을 달리는 롤러스케이트처럼
앞만 보고 달려가는 레이스와 같고
때로는 거센 파도 속으로 뛰어드는 윈드서핑
거친 물살에 이리저리 부딪치는 래프팅 같이
강하게 휘몰아치는 토네이도처럼

먹고산다는 게 우리네 굴곡진 인생
살아가면서 관념과 도덕 주렁주렁 매달고
위선 코뚜레까지 꿰고 있는
부딪치고 부딪히며 살아가는 것
웃고 울어보면 살기 위해서 굽신굽신
먹고산다는 것은 책임이고 끝이 안 보이는 여정이다

먹고사는 일이 서러워질 때 2

비가 내리고 바람까지 불어오는 날
추운 겨울날 새벽에도
뿌연 미세먼지가 오던 날도
숨이 막히도록 덥던 여름날도

산고의 고통만큼 인고의 세월 앞에
청빈한 밥그릇의 고요함을 위해
묵묵히 제 소임만 다하는 것처럼
의식적인 모습으로 살아야 하는 삶의 굴레

저녁연기 하늘에 드높이 올리듯
허기진 뱃속에 막 나온 따뜻한 밥 한 끼
김 모락모락 말아 올릴 때
황혼 속에 마주 앉은 일일노동자처럼

허겁지겁 먹는 우리네 굴곡진 인생
부딪치고 부딪히며 살아가는
삶의 몸짓이
이렇게 밥벌이에 단내가 날 줄이야

알 수 없는 게 인생이다
이 십 대는 당당했는데
이제 반백이 넘다 보니 흔들리고 주저앉을 때
밥 벌어먹고 산다는 게 서러워진다

허무

언제부터
자꾸만 주저앉는 버릇이 생겼다
세월이
강물 위에 띄워놓은
종이배처럼 떠나가고
살아가는 생은
낙엽의 부스러기처럼 바스락거리는데
살아갈 날의 깊은 고독
사무침으로 잔잔하게 출렁이고
살아볼 만큼 살아본
아린 눈의 뒤안길에
아지랑이 너울대는 언덕너머로
황홀의 눈빛으로 꿈을 이루는데
힘없는 중년의 메마른 숨결
공허함으로 흔들리고
살며시 감은 두 눈에
왜 이리 눈물만 솟아오르는지

영혼의 허기

텅 빈 가슴속 바람이 불어
이리저리 흔들리는 내 마음
말없이 울먹이는 잎 새 같아라

삶의 한 모퉁이에서
잃어버린 것들의 이름을 불러보지만
메아리도 돌아오지 않는 밤

눈에 보이지 않는 굶주림
더 깊은 곳을 파고들고
그곳에 남은 건 묵묵한 갈망

사랑도 꿈도 추억도
아무리 채워 넣으려 해도
텅 빈 그릇은 메울 수 없고

어둠이 짙어질수록
가슴속에서 작게 속삭이는 소리
네가 찾는 건 바로 너 자신이라

피 묻은 눈물

그대는 아는가
우크라이나 처절한 신화를
붉은 산이 인간의 아우성으로 뒤덮이고
눈동자만 부릅뜬 채

선량한 우크라이나 국민
생지옥 같은 아비규환의 시련
이 변란으로 애꿎은 백성
생명을 잃고 몸이 망가지는 부상을 입었고

부모와 형제 생사를 알 수 없는
행방불명자가 되어 전우들의 피범벅
수 백 명이 전사하는 참혹한 비극
재산상에 피해는 초토화

러시아의 핵폭탄이
우크라이나의 민족의 지푸라기마저
짓밟았던 처절한
몸부림의 갈구를 아는가

식어버린 피비린내는
굽이쳐 휘도는 계곡에
한 올씩 잠기며 소리 없이 우는데
부서지는 밤하늘 알갱이들

그대는 아는가
어제를 잃어버린 채
고향으로 돌아갈 수 없는
앳띤 소녀의 피 묻은 눈물을

산을 오르며

숲길 따라 걸으면
비우고 또 비워내는 마음 한 자락
메아리로 내려와 산자락에 안긴다

산으로 걸어 들어갈수록
산은 점점 내게 다가오고
부드럽고 향긋한 숲

구름 내려간 자리
오르막길 내리막길 산 고개 넘어
소나무에 어깨 내어준 하늘

걷고 또 걷다 보면 108 번뇌 없어질까
신기루 같은 우리네 삶
산 아래 펼쳐있다

가을바람

청명한 하늘
높디높은 곳에서 구름이 흐르면
눈빛 따갑던 여름은
선선한 바람에 밀려 숨어 버리고

낙엽이 물든 황금빛 숲
목마른 풀벌레 울음소리
흑백의 건반을 눌러 노래를 부르면
음계를 타듯 일렁이는 바람

추억이 있는 그리움
하얀 연기로 피어올라
사랑의 무게를 달아
오롯이 내 가슴 들뜨게 만들고

낙엽이 지는 날은
가슴속에 묻어나는 사랑
가을바람 속에
옛 추억이 생각난다

평론

잎새 같은 삶의 파노라마

시인·행정학박사 우청 김영곤

    시는 시인이 쓴 시를 독자가 읽고 소통하는 감성의 언어다. 소통이 원활하게 이루어지면 고개를 끄덕인다. 이런 맥락에서 시는 상호 공감의 울림이다. 시인이 독자의 공감을 얻는다는 건 마음을 빼앗는 것과 같다. 따라서 시작詩作의 전제는 물아일체物我一體가 되어야 한다는 것과 맥이 통한다. 이미순 시인의 시는 한 마디로 순박하고 잎새 처럼 바람에 팔랑거린다. 요즘 시 읽기 불편한 독자가 볼 때 쉽고 편하다. 그냥 시골길을 걷다가 문득 떠오르는 생각의 편린을 그물망에 쓸어 담아 건져 올린 물고기 같은 시를 한 권의 시집으로 엮었다. 다만 크고 작은 물고기는 독자의 안목으로 가려주길 바라는 듯 훅 던져 놓았다. 눈여겨 볼 점은 시인이 안태본을 떠나 정착한 의령에서의 일상과 세태 의령의 담론을 시인이 보고 느낀 그대로 쓴 시편들이 주류다. 어쩜 의령 사람이라면 한번 쯤 읽어 달라는 부탁이거나 염원 같기도 하다. 그럼 시인이 제1부 타이틀처럼 내세운 아래 의령 관련 시 한편을 읽어 보자

　　의령이라는 이름

　　장터 골목엔 느린 걸음이 어울리고
　　옛 담장은 사계절을 품은 채
　　말없이 그늘 되어주는
　　작고 단단한 고향의 품

　　의령
　　그 이름만으로도
　　마음 한 켠 따뜻해지는 곳
　　바쁜 세상 한가운데서
　　나를 쉬게 해주는 자리

　시 읽기의 묘미는 오묘한 메타포를 풀어내고 독자 스스로 감탄사를 자아내게 하는 것이 공감의 보편성이다. 그러나 시인은 이런 시를 원치 않았다. 평소 보고 느낀

그대로의 자연과 사람들의 민낯을 드러낸 것이다. 우리의 관습상 한 여인이 고향을 떠나 시집 간 시댁, 여류 시인은 그녀의 시댁 의령을 고스란히 고향으로 받아들인다. 그러면서 자신을 쉬게 해주는 자리라고 위무하는 마지막 행이 역설적으로 생의 고단함을 이겨낸 행복이라고 은근히 말하고 있는 것이다.

시의 서정은 음률을 배제할 수 없다. 마치 음악이 박자에 맞춰 리듬을 타고 흐르듯 자연스러우면 읽기 편하다.

> 바람이 지나가며 속삭이는 소리
> 숲속 새들이 남긴 작은 노래
> 물방울이 돌 위로 떨어지는 그 순간
> 모든 소리는 글자가 되네
>
> - 「소리의 글자」 첫연

한국 근대시의 주류를 본 듯한 음률에 익숙한 시인이다. 마치 자연의 음률이 칸트의 인식론처럼 자신도 모르게 춤사위에 빠져 어깨를 들썩거린 격이다 도시 생활에 익숙했던 시인이 작고 소담스러운 것을 지향한 듯 시골의 흙내음에 젖어 노래하고 있다. 아래의 시가 그렇다

고요한 아침 창가에 내려앉는 햇살
바람결에 실려 오는 솔향기
들꽃이 피어나는 작은 길목

도시의 소음은 이젠 먼 기억
대신 들리는 새소리와
풀벌레의 작은 노래

하루를 채우는 단순한 일들
밭을 일구고 나무를 가꾸며
흙속에 묻힌 내 마음이 싹튼다

-중략-

-「귀촌의 행복」중에서

  시인의 시골살이가 마냥 행복한 것일까? 시 쓰기는 시인의 단순한 취미가 아니다. 인간의 말을, 나의 생각을, 사물의 본질을, 시를 읽고 공감해 달라는 일종의 호소다. 그래서 그런 것일까? 한강 작가의 노벨문학상 수상 소식에 시인은 자신의 시 쓰기에 대한 열망을 에둘러 풀어 놓았다

밤이 깊어갈수록 나의 문장은 조용해진다
이야기를 꺼내는 것이 아니라
이야기가 나를 꺼내 간다
책장 사이에 낀 먼지처럼
말과 말 사이에 숨은 침묵을 바라본다

그 침묵 안에 한강 작가의 문장이 있으며
슬픔이 물 위에 떠 있는 것처럼 잔잔하고
고통조차도 아름답게 녹여내는 언어
나는 가끔 그런 문장을 쓰고 싶다

빛보다 느린 마음으로
상처의 윤곽을 어루만지는 문장
세상의 소음을 가만히 잠재우고
어떤 이는 그 글을 읽으며 울 수 있게 하는 문장

그것이 이루어지지 않더라도 괜찮다
그저 나의 글이 누군가의 조용한 밤에
잠시 놓인 따뜻한 찻잔 하나쯤 될 수 있다면
나는 오늘도 조용히 써 내려 간다

한강의 글을 닮을 수 있다는

작은 나의 소망을 안고

- 「작은 소망」 전문

  시를 잘 쓰고 싶은 건 모든 시인이 가진 욕구다. 그렇지만 본인 생각대로 잘 되지 않는 삶, 이것 또한 우리네 인간사다. 시 쓰기라고 크게 다르지 않다. 그럴 때 시원한 막걸리 한 잔은 마음을 달래는 보약이 될 수 있다. 그것도 혼자가 아닌 자신을 살갑게 이해해주는 벗이 함께한다면 더 살맛나는 생이다. 비록 한 잔 술에 취해 바보 같은 웃음을 지을지라도.

바람은 신록에 갇혀 잠들고
햇빛은 꽃잎에 앉아 노는
꽃향기 진동하는 날에는

뽀얀 막걸리 속에
잡다한 잡념 모두 넣어
새끼손가락으로 휘휘 저으면

연둣빛 산자락
진한 향기와 알싸한 막걸리에 취해

누구라 할 것 없이 히죽이죽 웃고 있다

- 「막걸리」 중에서

어쩜 사람을 바보처럼 히죽히죽 웃게 만드는 것이 막걸리 뿐 일까? 시인은 다음 시에서 말한다. 세상 한복판 덩그렇게 놓인 관객이 불법과 탈법의 무도회를 바보처럼 바라봐야 하는 힘없는 그 시선을

법은 창문
깨고 나가면 탈법
창틀을 비틀면 편법
어느 쪽이든 바람만 새어 나간다

어느 날 음악이 멎고
가면이 벗겨질 때
춤추던 자들은 외친다
이건 다 관행이었을 뿐

- 「불법과 탈법의 무도회」 중에서

그래서 시인은 가끔 일탈을 꿈꾸는지 모른다. 비록 육

신은 당장 세상 밖으로 도망치지 못할지라도 마음은 시공간을 넘나들며 달음박질치는 것이다.

    바짝 마른 가랑잎처럼
    아픔 때문에 말라버린 가슴
    스스로 묶어 놓은 끈 풀어버리고
    자유롭게 일탈을 하며

    - 「일탈」 2연에서

일탈에도 파문은 일어나는 법, 고요했던 바다가 한순간 파도에 휩쓸리면 고독한 섬의 옆구리는 아프다. 그렇게 켜켜이 절리가 되는 것이다. 애잔한 파문이 일어나는 것이다.

    아무도 너를 불러주지 않는다
    네가 가면서 남긴 흔적
    가슴에 남아
    바람 한 점 없는 두렁에
    씨앗처럼 자라나는데
    호수보다 큰 굴레가
    그리움으로 버티어 서면

눈물로 망각을 떨구어

흔적을 지우고

감당하지 못한 그리움

내 가슴에 이토록 애잔한

파문을 일으킨다

- 「파문」 전문

이런 시인의 파문도 끝내 막다른 길에서 길을 잃는다. 여태까지 쏟아내고 맞춘 언어의 퍼즐이 하나 둘 어긋나고 원초적 본능으로 되돌아가는 것이다. 그러면서 나는 누구인가를 되묻게 되는 것이다. 소크라테스가 끝내 나는 내가 누군지도 모르고 죽는다고 말한 것처럼 어쩜 이미순 시인이 시를 쓸 수밖에 없었던 이유 하나를 슬쩍 덧붙여 보자

두 눈에 희미한 어둠

짙게 덮는 날

손을 놓으면 금방이라도

떨어질 것 같은

마른 가지에 달려있는

마지막 잎새처럼 갸날픈 모습

젊은 날에 청춘은 온데간데 없고

계절도 모른 채

시간에 멈추어버린 치매

인생의 의자에서 잠깐 쉬었다가

바람이 부는 날에 낙엽처럼

이 세상 하얀 색으로 마감하는

인생의 끝자락에 선 모습

세월 앞에 끌려가는 우리들의 자화상

- 「치매 2」 전문

  요즘 현대시가 산문처럼 길어지고 무슨 말인지 모르겠다는 시인과 독자가 많아졌다. 이런 점을 비교할 때 이미순 시인의 시들은 쉽다. 다만 이해하기 어렵다는 점을 앞세워 깊이 있게 공들여 쓴 현대시를 외면하는 건 시를 쓴 시인에 대한 예의가 아닐지 모른다. 더구나 안다 모른다의 차이를 늘어놓는 것 자체부터 시가 무엇인지 모른다는 스스로의 넋두리에 불과할 뿐이다. 시를 쓰는 사유의 뿌리가 철학과 감성이라고 하면 지나친 주장일까? 이미순 시인의 시가 독자의 가슴에 닿는 그런 시가 되길 기대하며 글을 맺는다.

맺음말

다섯 번째 나의 자서전

　지난밤 허기진 내 가슴속에 무엇이 자랐는가
　쉼 없는 두레박질
　단 한 줄의 글로써도 남기지 못할 내 걸어온 지난 길들은 누구의 길이었을까
　식은땀 배인 잔손금처럼 수없이 가지를 내어 함부로 길이 되고 싶었던
　그 불면의 난장들, 금단의 열매를 베어 물 듯 詩를 한 입 삼켜 본 지금에야 목젖이 내리고 손발이 저려온다.

　시는 내 삶이며 내가 살아가는 희망이기에 나는 글을 쓴다.
　하지만 내가 쓴 詩들은 늘 앓고 있다, 시름시름 그러다 하얀 백지위에 객혈을 하기도 한다. 살다 보니 詩가 사는 것처럼 쓰여 지지도 않고 삶이 詩처럼 살아지지도 않는 고통 속에 아픔으로 허우적대어도 내가 걸어가는

이 길이 진정 내 길이길 소망하며 아픔에 등 돌리지 않고 외로움에 굽힘이 없는 내 삶의 주인이고 싶다. 선묘하게 그어진 손금처럼 타고난 인자 따라 걸어온 보폭만큼만
　내가 가진 그릇만큼만 정확히 배급받는 것이 삶이 아닌던가?

　내 안에 허기진 누군가 목을 매고 있어 엄동 댓돌 위에 맨발이 닿은 듯
　달콤하게 몸서리 돋던 그 금단의 열매의 모순을 기억하며 어두운 하늘에도
　구름만 있겠는가, 구름 뒤에는 별도 달도 있듯이 흔들리는 바람에도 부러지지 않는 나뭇가지의 부드러움으로 날마다 일탈을 꿈꾼다.

　끝으로 묵묵히 지켜봐 준 동갑내기 내 옆지기에게 고마움을 전하며 서평을 맡아주신 20년지기, 같이 글을 써 온 김영곤 시인님께 감사의 말을 전하고 싶다.

2025년 뜨거운 여름, 어느 해 질 녘

이미순